BEI GRIN MACHT SICH IHR
WISSEN BEZAHLT

- Wir veröffentlichen Ihre Hausarbeit,
  Bachelor- und Masterarbeit

- Ihr eigenes eBook und Buch -
  weltweit in allen wichtigen Shops

- Verdienen Sie an jedem Verkauf

Jetzt bei www.GRIN.com hochladen
und kostenlos publizieren

Bibliografische Information der Deutschen Nationalbibliothek:

Die Deutsche Bibliothek verzeichnet diese Publikation in der Deutschen National-
bibliografie; detaillierte bibliografische Daten sind im Internet über http://dnb.d-
nb.de/ abrufbar.

Impressum:

Copyright © 2019 GRIN Verlag
Druck und Bindung: Books on Demand GmbH, Norderstedt Germany
ISBN: 9783346055422

Dieses Buch bei GRIN:

https://www.grin.com/document/504157

Emanuel Ibing

Einführung in die Fuzzy-Mengenlehre. Die natürliche Sprache im Vergleich zu formalen mathematischen Modellen

GRIN Verlag

GRIN - Your knowledge has value

Der GRIN Verlag publiziert seit 1998 wissenschaftliche Arbeiten von Studenten, Hochschullehrern und anderen Akademikern als eBook und gedrucktes Buch. Die Verlagswebsite www.grin.com ist die ideale Plattform zur Veröffentlichung von Hausarbeiten, Abschlussarbeiten, wissenschaftlichen Aufsätzen, Dissertationen und Fachbüchern.

Besuchen Sie uns im Internet:

http://www.grin.com/

http://www.facebook.com/grincom

http://www.twitter.com/grin_com

Emanuel Ibing

Einführung in die Fuzzy-Mengenlehre

Inhaltsverzeichnis

Abbildungsverzeichnis

Anhangsverzeichnis

1. Einleitung

Die Fuzzy Theorie stammt von dem aserbaidschanischen Elektroingenieur LOTFI A. ZADEH (1921–2017). Dieser führte im Jahr 1965 die Fuzzy-Logik in seinem Artikel *Fuzzy-Sets* ein. Im Vergleich zur klassischen Booleschen- oder binären Logik mit nur zwei möglichen Wahrheitswerten, bietet diese Logik die Möglichkeit eines stetigen Übergangs zwischen Zugehörigkeit und Nichtzugehörigkeit einer Aussage zu einer Menge durch eine Abbildung der Wahrheits- oder Zugehörigkeitswerten in einem abgeschlossenen Intervall [0,1]. *„Die Werte liegen dabei in Form verbaler Ausdrücke vor wie beispielsweise sehr falsch, falsch, wahr, sehr wahr, und werden mit Hilfe von charakteristischen Funktionen auf die numerischen Wahrheitswerte abgebildet."*[1] Die Fuzzy-Logik kann somit Aussagen verarbeiten, welche eventuell nur zu einem gewissen Grad wahr oder falsch sind.

In diesem Assignment soll eine Einführung in die Fuzzy Mengenlehre (engl. Fuzzy Set Theory) erfolgen. Hierzu setzen wir uns im ersten Abschnitt des zweiten Kapitels mit der natürlichen Sprache im Vergleich zu formalen mathematischen Modellen auseinander. Im zweiten Abschnitt betrachten wir klassische Mengen, vergleichen diese mit Fuzzy Sets und heben die Unterschiede anhand von Beispielen und grafischen Darstellungen hervor. Im dritten Abschnitt betrachten wir Operatoren, zunächst auch wieder auf Basis der klassischen Mengenlehre und anschließend bezogen auf die Fuzzy Mengenlehre. Im vierten Abschnitt betrachten wir Fuzzy-Relationen. Im fünften Abschnitt gehen wir kurz auf Fuzzy Expertensysteme ein und präsentieren den klassischen Aufbau eines Expertensystems. Abschließend wird im letzten Kapitel ein Fazit gezogen und eine Einschätzung über die zukünftigen Einsatzgebiete der Fuzzy-Mengenlehre abgegeben.

2. Fuzzy Mengenlehre

2.1. Formale Modelle und natürliche Sprache[2]

Wie bereits in der Einleitung erwähnt, basiert die klassische Logik auf der Grundannahme, dass allen formal-logischen Aussagen stets eine der beiden Wahrheitswerte [1,0], [wahr, falsch] oder [ja, nein] zugeordnet werden kann (siehe Kap. 2.2).[3] Wird für die Lösung einer Aufgabe ein

---

[1] BOTHE (1995), S.2.
[2] Vgl. KRUSE et al. (2015), S. 289f.
[3] Vgl. HÜBNER/JAHNES (1998), S. 116.

1

formales Modell – also eine vereinfachte Darstellung der Realität mit eindeutiger Zugehörigkeit zu einem Wahrheitswert – gewählt, stellt die Mathematik hierzu umfangreiche Werkzeuge zur Problemlösung bereit. Die Terminologie des formalen Modells folgt strikteren Regeln als die normale Umgangssprache, welches den Vorteil bietet, dass Fehlinterpretationen vermieden, Vermutungen bewiesen und Zusammenhänge abgeleitet werden können.

In der natürlichen Kommunikation hingegen spielen formale Modelle keine Rolle. Der Mensch ist in der Lage Informationen in natürlicher Sprache direkt zu verarbeiten, ohne zuvor eine Formalisierung vorzunehmen. Bspw. kann ein Mensch bei einem Abend vor dem Kamin die Aufforderung „ein wenig Holz nachzulegen, sobald das Feuer etwas weniger brennt" direkt umsetzen. Soll dieser Vorgang automatisiert werden, ist nun nicht klar, wie dieser Vorgang konkret beschrieben werden soll. Eine präzise Logik mit genauen Werten in Form von „wenn Lichtstärke < x [cd], dann lege y [kg] Holz nach" wäre hierzu notwendig. Der Mensch hingegen könnte mit dieser Aussage nur wenig anfangen, allein schon, weil es für ihn von Natur aus nicht möglich ist, ohne Hilfsmittel genaue physikalische Werte zu ermitteln. Jedoch ist diese sprachliche Ungenauigkeit kein Nachteil, sondern ermöglicht es, in Situationen, in denen nur unvollständige oder sogar widersprüchliche Informationen vorliegen, eine Entscheidung zu fällen.[4]

Menschen verwenden in der Beschreibung innerhalb der natürlichen Sprache überwiegend unscharfe oder unpräzise Konzepte, wie bspw. *sehr schnell, groß* oder *klein*, bei denen eine eindeutige Entscheidung, ob ein Wert das entsprechende Attribut verdient oft nicht möglich ist. Dies ist damit zu begründen, dass Attribute eine kontextabhängige Bedeutung besitzen. So ist bspw. der Begriff klein im Rahmen der Atomphysik anders zu interpretieren als in der Astronomie.[5] Es gibt sicherlich Werte, welche man als eindeutig klein und ebenso Werte, welche als eindeutig nicht klein im Kontext der Atome bezeichnen könnte. Dazwischen gibt es jedoch einen Bereich der mehr oder weniger kleinen Atome. *„Die Idee der Fuzzy-Mengen besteht nun darin, dieses Problem zu lösen, indem man die scharfe, zweiwertige Unterscheidung gewöhnlicher Mengen, ein Element entweder vollständig oder gar nicht dazugehört, aufgibt"* [6]

---

[4] Vgl. NISCHWITZ et al. (2011), S. 484.
[5] Vgl. DRECHSEL (1996), S. 1.
[6] KRUSE et al. (2015), S. 290.

2.2.   Scharfe Mengen und Fuzzy Set

In der klassischen Mathematik wird eine Menge allgemein als Teilmenge A, einer Grundmenge, bzw. einer Basismenge (*Universe of discourse*) X beschrieben, welche sich aus einzelnen
Elementen x zusammensetzt.[7] Sie kann verschieden definiert werden: [8] [9]

- Durch Auflistung ihrer enthaltenen Elemente:

$$A = \{x_1, x_2, x_3, \dots, x_n\}$$

$$A_{scharf} = \{13, 14, 15, 16, 17, 18, 19\}$$

- Durch die Charakterisierung einer *Eigenschaft*, welches das Element aufweisen muss:

$$A_{scharf} = \{x \in \mathbb{N} | x \geq 13 \; und \; x \leq 19\}$$

- Durch eine *charakteristische Funktion* oder *Zugehörigkeitsfunktion* μ_A der Menge:

$$\mu_A : X \rightarrow \{1, 0\}$$

$$\mu_A(x) = \begin{cases} 1 \text{ wenn } x \in A \\ 0 \text{ wenn } x \notin A \end{cases}$$

$$\mu_{A_{scharf}}(x) = \begin{cases} 1 \text{ für } 13 \leq x \leq 19 \\ 0 \text{ sonst} \end{cases}$$

Oder grafisch dargestellt:

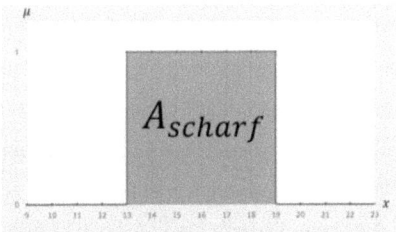

Abbildung 1: Scharfe Zugehörigkeitsfunktion[10]

In der Zugehörigkeitsfunktion (*membership function*) nehmen alle Elemente x der Grundmenge X, welche in A enthalten sind den Wert eins und für alle, welche nicht enthalten sind
den Wert null an. Das bedeutet, dass jede Aussage genau einem der beiden Wahrheitswerte [1,

---

[7] DRECHSEL (1996), S. 27.
[8] Vgl. KAHLERT (1995), S. 10ff.
[9] Eine Symbolübersicht der Mengenlehre befindet sich im Anhang.
[10] Eigene Darstellung in Anlehnung an MEIER/PORTMANN (2019), S. 3.

0] bzw. [wahr, falsch] zuzuordnen ist.[11] Dieser Sachverhalt wird in der Mathematik als Zweiwertigkeitsprinzip der Zugehörigkeit bezeichnet.

Gehen wir nun davon aus, dass unsere Beispielmenge A_{scharf} das Alter für Teenager darstellen soll, welche wir aufgrund einer Kundensegmentierung nutzen möchten.[12] Da die Entwicklung eines Menschen individuell verläuft, stellen wir fest, dass die scharfe Selektion der Klasse Teenager unserem tatsächlichen Kundensegment nicht gerecht wird. *„Einige Sekunden vor dem dreizehnten Geburtstag springt jede Person von der Klasse der Nicht-Teenager in die Klasse der Teenager. Am Ende des neunzehnten Lebensjahres erlebt der Teenager einen ähnlichen Schock, indem er binnen kürzester Zeit plötzlich nicht mehr Teenager ist."* [13]

Diesem Sachverhalt können wir Rechnung tragen, indem wir von dem Zweiwertigkeitsprinzip Abstand nehmen und die Zugehörigkeitsfunktion so verallgemeinern, dass sie Werte zwischen null und eins annehmen kann. Sie bietet nun also die Möglichkeit eines stetigen Übergangs zwischen Zugehörigkeit bzw. Nicht-Zugehörigkeit einer Aussage zu einer Menge durch die Abbildung der Zugehörigkeitswerte innerhalb eines abgeschlossenen Intervalls [1, 0].[14] Diese Erweiterung der klassischen Mengenlehre,[15] welche ZADEH 1965 einführte, wird als Fuzzy Set oder auch unscharfe Menge bezeichnet. Da sie Aussagen verarbeiten kann, welche evtl. nur zu einem bestimmten Grad wahr oder falsch sind und somit Differenzierungen zulässt, eignet sie sich besonders gut für die Nachbildung gewisser Funktionen des menschlichen Denkens.[16]

In unserem Beispiel weichen wir nun von dem Zweiwertigkeitsprinzip ab und führen unsere Kundensegmentierung mit einem Fuzzy Set fort. Wir verallgemeinern den Begriff Teenager und behaupten, dass eine zehnjährige Person kein Teenager, eine elfjährige Person zu einem Drittel Teenager, eine zwölfjährige Person zu zwei Drittel Teenager und eine dreizehnjährige Person zu einhundert Prozent ein Teenager ist. Analog hierzu fällt die unscharfe Menge der Teenager ab dem 19. und endet mit dem 22. Geburtstag.[17] Die Zugehörigkeitsfunktion würde sich demnach wie folgt gestalten:

---

[11] Vgl. GOTTWALD (1989), S. 1.
[12] Vgl. MEIER/PORTMANN (2019), S. 3f.
[13] MEIER/PORTMANN (2019), S. 3.
[14] Vgl. UNBEHAUEN (2008), S. 337.
[15] Vgl. BORGELT/KRUSE (2015), S. 491.
[16] Vgl. UNBEHAUEN (2008), S. 337.
[17] Vgl. MEIER/PORTMANN (2019), S. 4.

$$\mu_{A_{fuzzy}}(x) = \begin{cases} 1 & f\ddot{u}r\ 13\ \le x\ \le 19 \\ \left(\frac{x-10}{3}\right) & f\ddot{u}r\ 10\ \le x\ \le 13 \\ \left(\frac{22-x}{3}\right) & f\ddot{u}r\ 19\ \le x\ \le 22 \\ 0 & f\ddot{u}r\ x\ \le 10\ und\ x\ \ge 22 \end{cases}$$

Oder grafisch dargestellt:

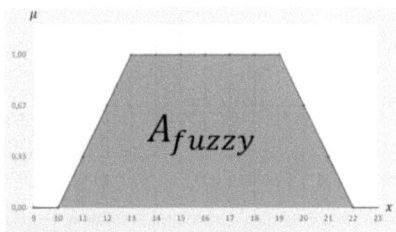

Abbildung 2: Fuzzy Zugehörigkeitsfunktion[18]

Beträgt der Zugehörigkeitsgrad $\mu_A(x)$ eines Elements x eins, so liegt der klassische (scharfe) Fall der Mengenlehre eines Elements vor. Beträgt dieser null, gehört das Element nicht dem Fuzzy-Set an.[19] Fuzzy-Sets mit einer trapezförmigen Zugehörigkeitsfunktion bezeichnet man auch als Fuzzy-Intervalle, da sie ein zusammenhängendes Intervall von Elementen mit dem Zugehörigkeitsgrad eins besitzen.[20] Die Zugehörigkeitsfunktion eines Fuzzy Sets muss nicht zwangsläufig eine Trapezform darstellen, sie kann auch andere Formen wie bspw. eine Glocken-, Dreiecks- oder Rechteckform annehmen. Eine Übersicht der am häufigsten genutzten Zugehörigkeitsfunktionen ist im Anhang zu finden.

2.3. Fuzzy-Mengenoperationen

Um Fuzzy-Sets zu verarbeiten, sind Operatoren notwendig, welche eine Verknüpfung und Modifikation ermöglichen. *„Die grundlegenden Mengenoperatoren in der klassischen Mengenlehre sind Durchschnitt, Vereinigung und Komplement."*[21] Diese werden in der folgenden Abbildung dargestellt:

---

[18] Eigene Darstellung in Anlehnung an MEIER/PORTMANN (2019), S. 3.
[19] Vgl. FRANK (2002), S. 4.
[20] Vgl. DRECHSEL (1996), S. 30.
[21] SCHRÖDER/BUSS (2017), S. 847.

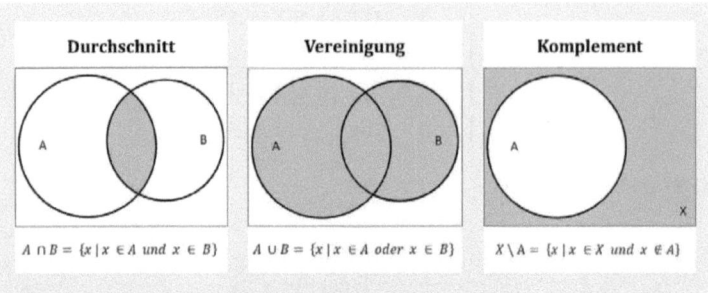

Abbildung 3: Venn-Diagramme der grundlegenden Mengenoperatoren[22]

Für Fuzzy-Sets werden diese Operationen so definiert, dass sie auch in dem Fall $\mu_A(x) = 1$, also in der Situation, wenn ein Element einer unscharfen Menge einem Element einer scharfen Menge entspricht, mit den bekannten Definitionen übereinstimmen.[23] ZADEH (1965, S. 339ff.) formulierte für diese mengenalgebraischen Operationen folgende Verallgemeinerungen: [24]

- Für die Vereinigung (*fuzzy union*) bzw. dem ODER-Operator zweier unscharfer Mengen A und B mit entsprechender Zugehörigkeitsfunktion $\mu_A(x)$ und $\mu_B(x)$ gilt:

$$A \cap B: \mu_{A \cap B}(x) = \min\{\mu_A(x), \mu_B(x)\}, \quad x \in X$$

- Für den Durchschnitt (*fuzzy intersection*) bzw. dem UND-Operator zweier unscharfer Mengen A und B mit entsprechender Zugehörigkeitsfunktion $\mu_A(x)$ und $\mu_B(x)$ gilt:

$$A \cup B: \mu_{A \cup B}(x) = \max\{\mu_A(x), \mu_B(x)\}, \quad x \in X$$

- Das Komplement (*fuzzy complement*) bzw. die Negation einer unscharfen Menge A mit der Zugehörigkeitsfunktion $\mu_A(x)$ ist wie folgt definiert:

$$X \setminus A: \mu_{\bar{A}}(x) = 1 - \mu_A(x), \quad x \in X$$

Bezogen auf das Beispiel des letzten Abschnittes möchten wir nun das Komplement $\mu_{\bar{A}}(x)$ zu unserer Menge A_{fuzzy} bilden, dies gestaltet sich grafisch wie folgt:

---

[22] Eigene Darstellung in Anlehnung an PAPULA (2017), S. 2 und ARENS et al. (2018), S. 31f.
[23] Vgl. DEMANT (1993), S. 13.
[24] Vgl. UNBEHAUEN (2008), S. 343.

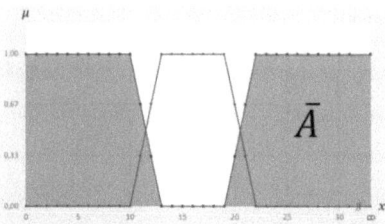

Abbildung 4: Fuzzy Complement[25]

Um nun einen Durchschnitt und eine Vereinigung zu illustrieren, erweitern wir unsere Kundensegmentierung um die Klasse „junge Erwachsene", welche wir wie folgt definieren:

$$\mu_{B_{fuzzy}}(x) = \begin{cases} 1 & f\ddot{u}r\ 21 \leq x \leq 27 \\ \left(\frac{x-18}{3}\right) & f\ddot{u}r\ 18 \leq x \leq 21 \\ \left(\frac{30-x}{3}\right) & f\ddot{u}r\ 27 \leq x \leq 30 \\ 0 & f\ddot{u}r\ x \leq 18\ und\ x \geq 30 \end{cases}$$

In der folgenden Abbildung sind die Fuzzy Union $\mu_{A\cap B}(x)$ sowie die Fuzzy Intersection $\mu_{A\cup B}(x)$ unserer Kundensegmentierung grafisch dargestellt:

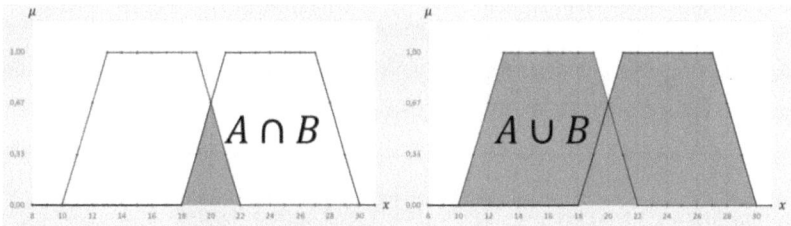

Abbildung 5: Fuzzy Union und Fuzzy Intersection[26]

Neben den hier gezeigten „[...] gibt es zahlreiche andere Operationen zur Bildung des Durchschnitts bzw. der Vereinigung, die sich alle unter dem Begriff t-Norm bzw. t-Conorm (oder s-Norm) zusammenfassen lassen."[27] Da die Darstellung sämtlicher Operatoren den Rahmen dieser Ausarbeitung übersteigt, verzichten wir an dieser Stelle hierauf.[28]

---

[25] Eigene Darstellung in Anlehnung an SCHRÖDER/BUSS (2017), S. 849.
[26] Eigene Darstellung in Anlehnung an SCHRÖDER/BUSS (2017), S. 848.
[27] UNBEHAUEN (2008), S. 343.
[28] Weiterführende Literatur hierzu sind u. a. SCHRÖDER/BUSS (2017), S. 847ff./ KRUSE et al. (2015), S. 307ff.

2.4. Fuzzy-Relationen

Während sich die bisher betrachteten Operatoren lediglich auf Elemente x derselben Grundmenge X beschränkten, enthalten Relationen Wertepaare von Elementen, welche aus verschiedenen Grundmengen $X_1, \dots, X_m$ stammen.[29] *„Die Grundmenge der Relation ist dabei das Kreuzprodukt der Grundmengen der miteinander in Beziehung gesetzten Größen."* [30] Durch Relationen können mehrere Bedingungen miteinander verknüpft werden, um ein gemeinsames Resultat zu erzielen. Bspw. sind die im vorherigem Abschnitt gezeigten Operationen für Durchschnitt und Vereinigung nichts anderes als Fuzzy-Relationen auf sich selbst $(X \times X)$.[31]

Gehen wir zunächst erst einmal auf Relationen von scharfen Mengen ein. Hierzu betrachten wir die folgenden diskreten Grundmengen:[32]

$$X = \{1, 2, 3, 4\} \quad \text{sowie} \quad Y = \{3, 4, 5, 6\}$$

Nun können wir die Relation R aller Wertepaare $(x, y) \in X \times Y$ bilden, für die $x < y$ gilt:

$$R = \left\{ \begin{matrix} (1,3), (1,4), (1,5), (1,6)(2,3), (2,4), (2,5), \\ (2,6), (3,4), (3,5), (3,6), (4,5), (4,6) \end{matrix} \right\}$$

Man spricht in diesem Fall von einer zweistelligen Relation, da R aus Wertepaaren besteht. Alternativ wäre auch eine Darstellung als Zugehörigkeitsfunktion $\mu_R(x, y)$ möglich. Diese wäre im Allgemeinen grafisch allerdings nicht mehr als Kurve darstellbar, sondern als Fläche über der durch das Kreuzprodukt der Grundmengen aufgespannten x-y-Ebene.[33] Besitzt eine zweistellige Relation eine endliche stützende Menge, so lässt sie sich in einer Relationsmatrix darstellen:[34]

$R: x < y$	x\\y	3	4	5	6
	1	1	1	1	1
	2	1	1	1	1
	3	0	1	1	1
	4	0	0	1	1

[29] Vgl. DRECHSEL (1996), S. 41.
[30] Vgl. KAHLERT (1995), S. 23.
[31] Vgl. BANK (2004), S. 6.
[32] Vgl. KAHLERT (1995), S. 23ff.
[33] Vgl. KAHLERT (1995), S. 23.
[34] Vgl. WALZ (2017), S. 224 / Vgl. KAHLERT (1995), S. 24.

Durch die Darstellung in der Relationsmatrix kann der Übergang zur Fuzzy-Relation $\tilde{R}$ schon erahnt werden. Im nächsten Schritt werden erneut nicht nur das starre Intervall [1, 0], sondern auch Zugehörigkeitsgrade zwischen null und eins zugelassen. Eine Fuzzy-Relation über dem Produktraum $X_1 \times \ldots \times X_n$ und den Grundmengen $X_1, \ldots, X_m$ ist wie folgt definiert:[35]

$$\tilde{R} = \{((x_1, \ldots, x_n), \mu_R(x_1, \ldots, x_n)) \mid (x_1, \ldots, x_n) \in X_1 \times \ldots \times X_n\}$$

Bezogen auf unser Beispiel möchten wir nun die Relationsmatrix zu einer Fuzzy-Relationsmatrix verallgemeinern. Wir gehen von den gleichen Grundmengen X und Y aus und definieren die Menge der Wertepaare (x, y), für die nun $x \approx y$ gilt. Die Zugehörigkeitsgrade entscheiden wir subjektiv, sodass sich die folgende Relationsmatrix ergibt:[36]

$\tilde{R}: x \approx y$	x \ y	3	4	5	6
	1	0,4	0,1	0	0
	2	0,7	0,4	0,1	0
	3	1	0,7	0,4	0,1
	4	0,7	1	0,7	0,4

Wir möchten nun eine Fuzzy-Relation grafisch darstellen, hierzu sollen die folgenden linguistischen Terme „niedrig" und „mittel", welche sich auf unterschiedliche Grundmengen beziehen, über eine Min-Verknüpfung miteinander verknüpft werden:

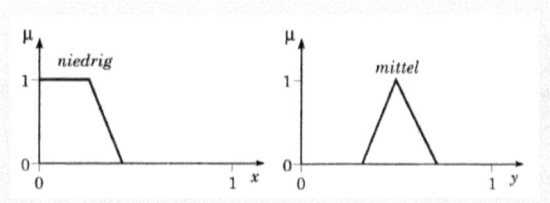

Abbildung 6: Definition der linguistischen Terme für x und y[37]

Beide Fuzzy-Mengen müssen zunächst in eine Fuzzy-Relation auf der gleichen Kreuzproduktmenge überführt werden.[38] Da wir unterstellen, dass $\mu_{niedrig}(x)$ unabhängig von y und

---

[35] Vgl. DRECHSEL (1996), S. 42.
[36] Vgl. KAHLERT (1995), S. 25.
[37] KAHLERT (1995), S. 26.

$\mu_{mittel}(y)$ unabhängig von x ist können diese über das Erweiterungsprinzip zylindrisch erweitert und verknüpft werden:

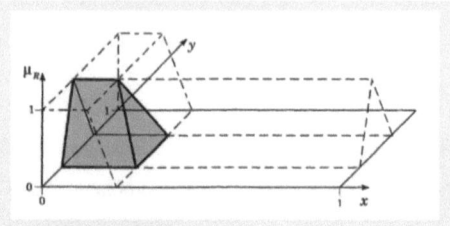

Abbildung 7: Min-Verknüpfung der Prämissen-Relation[39]

Ebenso wie klassische Relationen können auch mehrere Fuzzy-Relationen miteinander verkettet werden. Am bekanntesten ist die sog. Max-Min-Verkettung zweier Fuzzy-Relationen.[40] Die Verkettung zweier Fuzzy-Relationen:[41]

$$\tilde{R}_1 = \left\{ \left((x,y), \mu_{R_1}(x,y) \right) \mid (x,y) \in X \times Y \right\}$$

$$\tilde{R}_2 = \left\{ \left((x,y), \mu_{R_2}(x,y) \right) \mid (x,y) \in Y \times Z \right\}$$

ist definiert als:

$$\tilde{R}_1 \circ \tilde{R}_2 = \left\{ \left((x,z), \max_{y \in Y} \min(\mu_{R_1}(x,y), \mu_{R_2}(y,z)) \right) \mid (x,z) \in X \times Z \right\}$$

2.5. Anwendungsgebiete

Besonderen Anklang fand die Fuzzy Theorie in den 1980er Jahren in Japan, während sie allgemein noch sehr skeptisch betrachtet wurde.[42] Die erste Fuzzy Regelung in Japan wurde 1983 in Betrieb genommen, sie steuerte eine Abwasserreinigungsanlage.[43] Fuzzy-Regler wurden daraufhin in vielen Produkten, wie Distance Control,[44] Waschmaschinen, Video-Kameras, Auto-

---

[38] Vgl. KAHLERT (1995), S. 26.
[39] KAHLERT (1995), S. 27, modifizierte Darstellung.
[40] Vgl. WALZ (2017), S. 224.
[41] Vgl. WALZ (2017), S. 224.
[42] Vgl. BIEWER (1997), S. 33.
[43] Vgl. BIEWER (1997), S. 33.
[44] Vgl. PROTZEL et al. (1993).

focus-Kameras, Mikrowellenherden, Staubsaugern usw. eingesetzt.[45] Neben den Fuzzy-Reglern (Fuzzy Control) gibt es auch wissensbasierte Fuzzy Anwendungen,[46] wie bspw. Expertensysteme, welche wir nachfolgend näher betrachten.

Expertensysteme stammen aus der Forschung über künstliche Intelligenz, sie sollen menschliches Wissen, insbesondere das von Experten, in symbolischer Form, d. h. als sprachliche Begriffe und einschlägige Kombinationsregeln darstellen.[47] Ein Expertensystem wird folgendermaßen aufgeteilt: Input, Output, Wissensbasis (Bereich des Systems, der das Fachwissen enthält) und Interferenzmaschine (Hard- oder Software mit der auf der Wissensbasis operiert werden kann).[48] Der Aufbau wird in der folgenden Abbildung dargestellt:

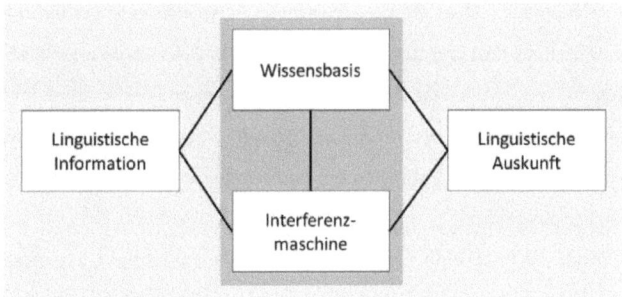

Abbildung 8: Grundstruktur eines Expertensystems[49]

Der Einsatz der Fuzzy Theorie bietet sich hier aus verschiedenen Gründen an. Zum einen wird der Dialog zwischen dem Expertensystem und dem Experten bzw. dem Benutzer durch die Verwendung linguistischer Variablen erleichtert und zum anderen kann hierdurch auch unsicheres Wissen in der Wissensbasis, wie bspw. unscharfe Produktionsregeln, dargestellt werden.[50] Erwähnt sei allerdings, dass der Entwicklungsstand im Sinne der praktischen Einsetzbarkeit von Fuzzy Expertensystemen noch nicht so weit fortgeschritten wie im Bereich der Fuzzy-Regler, welches vor allem mit der größeren Komplexität von Fuzzy Expertensystemen zu erklären ist.[51]

[45] Vgl. ZIMMERMANN (1993b), S. 207.
[46] Vgl. ZIMMERMANN (1993a), S. 92.
[47] Vgl. KLÜVER et al. (2012), S. 177.
[48] Vgl. HENNINGS (1990), S. 250.
[49] Eigene Darstellung in Anlehnung an ZIMMERMANN (1993b), S. 50.
[50] Vgl. LEHMANN et al. (1992), S. 7.
[51] Vgl. NISSEN (2007), S.16.

3. Fazit und Ausblick

Dieses Assignment sollte einen Einblick in das Thema Fuzzy-Mengenlehre gewähren. Hierzu wurde im ersten Abschnitt des zweiten Kapitels ein Vergleich der menschlichen Sprache zu formalen mathematischen Modellen gezogen. Hierbei wurde festgestellt, dass die Terminologie von formalen Modellen strikteren Regeln als der menschlichen Sprache unterliegen, wodurch Fehlinterpretationen vermieden, Vermutungen bewiesen und Zusammenhänge abgeleitet werden können. Allerdings können Menschen formale Modelle, anders als die menschliche Sprache, welche vorwiegend aus unscharfen Konzepten besteht, nicht direkt verarbeiten. Im zweiten Abschnitt wurde gezeigt, dass die Fuzzy Mengenlehre eine Erweiterung der klassischen Mengenlehre darstellt und es wurde anhand von Beispielen eine Einführung in die Thematik gegeben. In Abschnitt drei und vier wurde gezeigt, dass Operatoren und Relationen nicht nur in der klassischen-, sondern auch in der Fuzzy-Mengenlehre anwendbar sind. Im fünften Abschnitt wurden Anwendungsgebiete der Fuzzy-Logik gezeigt, wobei sich zeigte, dass sie vorwiegend in zwei Bereichen, nämlich den Fuzzy-Reglern und den wissensbasierten Ansätzen, wie Expertensysteme, Anwendung findet.

Abschließend soll noch eine Einschätzung über die zukünftigen Einsatzgebiete der Fuzzy-Logik erfolgen. Fuzzy Regler sind bereits seit vielen Jahren in verschiedenste Bereichen erfolgreich im Einsatz. Da sie durch die vereinfachte Interaktion die Benutzerfreundlichkeit erhöhen ist davon auszugehen, dass sie auch in Zukunft noch für zahlreiche andere Anwendungen adaptiert werden. Ein Beispiel mit sehr großem Potenzial stellt das autonome Fahren dar. Ein teilautomatisiertes Fahren durch Distance Control wurde bereits durch den Einsatz der Fuzzy Theorie ermöglicht. Der VERBAND DEUTSCHER VERKEHRSUNTERNEHMEN E. V. (2015, S. 3) schätzt das Potenzial der autonomen Fahrzeuge als so groß ein, dass keine andere Innovation das Verkehrssystem so tief greifend verändern wird. Auch der wissensbasierte Ansatz in Form von Expertensystem birgt ein großes Potenzial. Das BUNDESMINISTERIUM FÜR ARBEIT UND SOZIALES (2013, S. 38) sieht in der Sicherung der Fachkräftebasis die wichtige Gesellschaftliche und politische Herausforderung. Durch den demografischen Wandel und dem steigenden Fachkräftemangel wird es in Zukunft für Unternehmen daher ein strategischer Wettbewerbsvorteil werden, wenn das Expertenwissen eines Unternehmens nicht nur in einer Wissensbasis konserviert, sondern auch für normale Benutzer ohne Expertenwissen anwendbar gestaltet wird.

Literaturverzeichnis

ARENS, T., HETTLICH, F., KARPFINGER, C., KOCK-ELKORN, U., LICHTENEGGER, K. STACHEL, H. (2018): Mathematik, 4. Auflage, Springer-Verlag, Berlin.

BANK, M. (2004): Fuzzy-Logik, Seminararbeit. (https://www.informatik.uni-ulm.de/ni/Lehre/S S04/ProsemSC/ausarbeitungen/Bank.pdf, abgerufen am 25.09.2019)

BIEWER, B. (1997): Fuzzy-Methoden: Prxisrelevante Rechenmodelle und Fuzzy-Programmiersprachen, Springer-Verlag, Berlin/Heidelberg.

BLEYMÜLLER, J., WEIßBACH, R. (2015): Statistische Formeln und Tabellen: Kompakt für Wirtschaftswissenschaftler, 13. Auflage, Verlag Franz Vahlen, München.

BORGELT, C., KRUSE, R. (2015): Bedeutung von Zugehörigkeitsgraden in der Fuzzy-Technologie, Informatik-Spektrum 38(6), S. 490-499.

BOTHE, H.-H. (1995): Fuzzy Logic: Einführung in Theorie und Anwendungen, 2. Auflage, Springer-Verlag, Berlin/ Heidelberg.

BUNDESMINISTERIUM FÜR ARBEIT UND SOZIALES (2013): Arbeitsmarktprognose 2030: Eine strategische Vorausschau auf die Entwicklung von Angebot und Nachfrage in Deutschland. (http://www.bmas.de/SharedDocs/Downloads/ DE/PDF-Publikationen/a756-arbeitsmarktprogn ose-2030.pdf?__blob=publicationFile, abgerufen am 29.09.2019)

DEMANT, B. (1993): Fuzzy-Theorie oder Die Faszination des Vagen: Grundlagen einer präzisen Theorie des Unpräzisen für Mathematiker, Informatiker und Ingenieure, Vieweg & Sohn Verlag, Braunschweig/Wiesbaden.

DRECHSEL, D. (1996): Regelbasierte Interpolation und Fuzzy Control, Springer-Verlag, Wiesbaden.

FRANK, H. (2002): Fuzzy Methoden in der Wirtschaftsmathematik: Eine Einführung, Springer-Verlag, Braunschweig/Wiesbaden.

GOTTWALD, S. (1989): Mehrwertige Logik: Eine Einführung in Theorie und Anwendung, Akademie-Verlag, Berlin.

HENNINGS, R.-D. (1990): Expertensysteme als neue Zugangssysteme zur Fachinformation. In: BUDER, M., REHFELD, W., SEEGER, T. (Hrsg.) (1990): Grundlagen der praktischen Information und Dokumentation: Ein Handbuch zur Einführung in die fachliche Informationsarbeit, Walter de Gruyter, München et al., S.247-263.

HÜBNER, H., JAHNES, S. (1998): Management-Technologie als strategischer Erfolgsfaktor: ein Kompendium von Instrumenten für Innovations-, Technologie- und Unternehmensplanung unter Berücksichtigung ökologischer Anforderungen, Walter de Gruyter, Berlin.

KAHLERT, J. (1995): Fuzzy Control für Ingenieure: Analyse, Synthese und Optimierung von Fuzzy-Regelungssystemen, Springer-Verlag, Wiesbaden.

KLÜVER, C., KLÜVER, J., SCHMIDT, J. (2012): Modellierung komplexer Prozesse durch naturanaloge Verfahren: Soft Computing und verwandte Techniken, 2. Auflage, Springer-Verlag, Wiesbaden.

KRUSE, R., BORGELT, C., BRAUNE, C., KLAWONN, F., MOEWES, C. STEINBRECHER, M. (2015): Computational Intelligence: Eine methodische Einführung in Künstliche Neuronale Netze, Evolutionäre Algorithmen, Fuzzy-Systeme und Bayes-Netze, 2. Auflage, Springer Vieweg, Wiesbaden.

LEHMANN, I., WEBER, R., ZIMMERMANN, H.-J. (1992): Fuzzy Set Theory: Die Theorie der unscharfen Mengen. In: Operations-Research-Spektrum, 14(1), S. 1-9.

MEIER, A., PORTMANN, E. (2019): Fuzzy Management: Trilogie Teil II: Einsatz der unscharfen Logik für Business Intelligence, Springer-Verlag, Wiesbaden.

NISCHWITZ, A., FISCHER, M., HABERÄCKER, P., SOCHER, G. (2011): Computergrafik und Bildverarbeitung: Band II: Bildverarbeitung, 3. Auflage, Springer-Verlag, Wiesbaden.

NISSEN, V. (2007): Ausgewählte Grundlagen der Fuzzy Set Theorie. In: BANKHOFER, U., NISSEN, V., STELZER, D., STRASSBURGER, S. (Hrsg.) (2007): Ilmenauer Beiträge zur Wirtschaftsinformatik: Arbeitsbericht Nr. 2007-03, Ilmenau.

PAPULA, L. (2017): Mathematische Formelsammlung: Für Ingenieure und Naturwissenschaftler, 12. Auflage, Springer-Verlag, Wiesbaden.

PROTZEL, P., HOLVE, R., BERNASCH, J., NAAB, K. (1993): Fuzzy distance control for intelligent vehicle guidance. In Proc. of the 12th Annual Meeting of the North American Fuzzy Information Processing Society, Allentown PA, S. 87-91.

SCHRÖDER, D., BUSS, M. (2017): Intelligente Verfahren: Identifikation und Regelung nichtlinearer Systeme, 2. Auflage, Springer-Verlag, Berlin.

UNBEHAUEN, H. (2008): Regelungstechnik I: Klassische Verfahren zur Analyse und Synthese linearer kontinuierlicher Regelsysteme, Fuzzy-Regelsysteme, 15. Auflage, Springer-Verlag, Wiesbaden.

VERBAND DEUTSCHER VERKEHRSUNTERNEHMEN E. V. (2015): Zukunftsszenarien autonomer Fahrzeuge-Chancen und Risiken für Verkehrsunternehmen. Positionspapier, Köln, November.

WALZ, G. (Hrsg.) (2019): Lexikon der Mathematik: Band 2: Eig bis Inn, 2. Auflage, Springer-Verlag, Berlin.

ZADEH, L.A. (1965): Fuzzy sets. In: Information and control, 8(3), S. 338-353.

ZIMMERMANN, H.-J. (1993a): Prinzipien der Fuzzy Logic. In: Spektrum der Wissenschaft (1)3, S. 90-93.

ZIMMERMANN, H.-J. (1993b): Fuzzy Technologien: Prinzipien, Werkzeuge, Potenziale, VDI-Verlag, Düsseldorf.

14

Anhang 1: Symbole der Mengenlehre[52]

Symbol	Bedeutung
$\{a, b, c\}$	Menge, bestehend aus den Elementen a, b und c
$x \in M$	x ist Element der Menge M
$x \notin M$	x ist kein Element von M
$\{x \in M \mid x \text{ hat Eigenschaft } E\}$	Menge der Elemente von M, welche die Eigenschaft E haben
$A \subset B$	A ist Teilmenge von B
$A \not\subset B$	A ist keine Teilmenge von B
$\emptyset$	Leere Menge
$P(M)$	Potenzmenge von M, d. h. Menge aller Teilmengen von M
$A \cup B$	Vereinigungsmenge von A und B
$A \cap B$	Schnittmenge/ Durchschnitt von A und B
$\bar{A}$	Komplement von A
$\mathbb{N}$	Menge aller natürlichen Zahlen
$\mathbb{N}_0$	Menge der natürlichen Zahlen einschließlich 0
$\mathbb{Z}$	Menge der ganzen Zahlen
$\mathbb{Q}$	Menge der rationalen Zahlen
$\mathbb{R}$	Menge der reellen Zahlen
$\mathbb{R}^+$	Menge der nicht-negativen reellen Zahlen
(a, b)	$\{x \in \mathbb{R} \mid a < x < b\}$
$[a, b]$	$\{x \in \mathbb{R} \mid a \leq x \leq b\}$
$(a, b]$	$\{x \in \mathbb{R} \mid a < x \leq b\}$
$[a, b)$	$\{x \in \mathbb{R} \mid a \leq x < b\}$
$|M|$	Anzahl der Elemente von M

---

[52] Vgl. BLEYMÜLLER/WEIßBACH (2015), S. 5.

Anhang 2: Fuzzy-Zugehörigkeitsfunktionen[53]

Typ	Mathematische Definition	Verlauf
Monoton (linear)	$\mu_A(x) = \begin{cases} 0 & \text{für } x<a \\ \dfrac{x-a}{b-a} & \text{für } a \leq x < b \\ 1 & \text{für } b \leq x \end{cases}$	
Dreieck	$\mu_A(x) = \begin{cases} 0 & \text{für } x<a \vee d \leq x \\ \dfrac{x-a}{m-a} & \text{für } a \leq x < m \\ \dfrac{x-d}{m-d} & \text{für } m \leq x < d \end{cases}$	
Trapez	$\mu_A(x) = \begin{cases} 0 & \text{für } x<a \vee d \leq x \\ \dfrac{x-a}{b-a} & \text{für } a \leq x < b \\ 1 & \text{für } b \leq x < c \\ \dfrac{x-d}{c-d} & \text{für } c \leq x < d \end{cases}$	
Gauß	$\mu_A(x) = e^{-a \cdot (x-m)^2} \qquad a>0$	
Rechteck	$\mu_A(x) = \begin{cases} 0 & \text{für } x<a \vee b<x \\ 1 & \text{für } a \leq x \leq b \end{cases}$	
Singleton	$\mu_A(x) = \begin{cases} 0 & \text{für } x=m \\ 1 & \text{für } x \neq m \end{cases}$	

---

[53] DRECHSEL (1996), S. 31.